AF319390

VOCABULAIRE

DES NOMS COMPOSÉS

DE

LA LANGUE FRANÇAISE

PAR

B. LUNEL, Professeur,

MEMBRE DE LA SOCIÉTÉ GRAMMATICALE ET LITTÉRAIRE.

CINQUANTE CENTIMES.

PARIS

A. MAUGARS, librairie classique,
Rue Sainte-Croix de la Bretonnerie, 32.
POTIER, libraire,
Rue des Grès-Sorbonne, 10.

1846.

VOCABULAIRE

DES NOMS COMPOSÉS

DE

LA LANGUE FRANÇAISE

PAR

M. ERNEST, Professeur,

MEMBRE DE LA SOCIÉTÉ GRAMMATICALE ET LITTÉRAIRE

QUATRE CENTIMES

PARIS

A. RIGAUD, Libraire classique
Rue Sainte-Croix de la Bretonnerie, 31.
POTTIER, libraire
Rue des Grès-Sorbonne, 10.

1840.

VOCABULAIRE

DES NOMS COMPOSÉS

DE

LA LANGUE FRANÇAISE,

PAR

B. LUNEL, professeur,

MEMBRE DE LA SOCIÉTÉ GRAMMATICALE ET LITTÉRAIRE.

Cinquante centimes.

PARIS,

A. MAUGARS, librairie classique,
Rue Sainte-Croix de la Bretonnerie, 32.

POTIER, libraire,
Rue des Grès Sorbonne, 10.

1846.

Les formalités voulues par la loi ayant été remplies, tout contrefac-
teur ou débitant de contrefaçons de cet ouvrage sera poursuivi confor-
mément aux lois.

Les frais énormes qu'a exigés la disposition typographique de ce
vocabulaire, nous a forcé de le coter 50 cent.

IMPRIMERIE MAULDE ET RENOU,
Rue Bailleul, 9 et 11.   1652

INTRODUCTION.

Jamais on n'eut l'idée de faire un Vocabulaire des *noms composés*. Qui put arrêter dans un semblable travail? Une difficulté bien grande sans doute, le pluriel de ces noms composés.

Au premier abord ce n'est rien. N'avons-nous pas les règles des grammairiens? En effet, ces règles seraient parfaites, si elles n'étaient suivies de ce cortége d'exceptions qui effraient, rebutent et découragent. Mais les dictionnaires de l'Académie, de Boiste, de Laveaux, de Raymond, de Napoléon Landais, de Wailly, de Chapsal, ne sont-ils pas des sources certaines où l'on peut puiser à loisir l'orthographe difficile de ces mots?

On se tromperait fort si l'on pensait écrire correctement les noms composés avec nos dictionnaires. Pour le prouver, examinons ce qu'ont fait les ouvrages précités pour la formation du pluriel de ces noms.

1° L'Académie. — Dans ce vaste champ laissé inculte, il semble que le hasard seul ait présidé à la formation du pluriel des noms composés. Nous ne concevrons jamais qu'on écrive un porte-crayon avec une *s*, un garde-meubles sàns *s*, un porte-manteau sans trait d'union, des porte-collet avec une *s*, un pèse-liqueurs sans *s*, etc., etc.

2° Boiste. — Le dictionnaire universel, le *Pan-lexique* de Charles Nodier, le vaste répertoire des mots connus et inconnus, n'a rien fait pour le pluriel des noms composés, et l'exiguité de ses définitions, jointe à ses nombreuses abréviations, en fait souvent un squelette.

3° Laveaux. — S'il a donné de longues définitions, s'il a mis le pluriel de beaucoup de mots en *al*, enfin, s'il a conjugué la plupart des verbes irréguliers, il a fait peu de chose pour la prononciation, et rien pour l'orthographe des noms composés.

4° Raymond. — Le dictionnaire général de la langue française, le vocabulaire universel des sciences, des arts et métiers, apparut avec grand bruit, et disparut sans même avoir joui d'une durée éphémère. Il contient cependant cent mille mots, parmi lesquels on trouve rarement le pluriel des noms composés.

5° Napoléon Landais. — Le dictionnaire général et grammatical des dictionnaires français, fut accueilli avec enthousiasme dès les premières éditions; son mode de publication y contribua puissamment, et l'on peut dire que jamais la librairie n'eut à enregistrer un succès plus brillant. C'est alors que M. Landais, voyant son œuvre si imparfaite accueillie avec tant de faveur par le public, trompé dans son attente par la nouvelle édition du Dictionnaire de l'Académie, s'entoura d'hommes spéciaux et refondit entièrement son dictionnaire. Et, bien qu'on y trouve maintenant des pages perdues en lamentations sur l'état actuel de l'orthographe, de singuliers raisonnements sur la formation du pluriel de certains noms composés, enfin une rapsodie de tous les vieux dictionnaires, Napoléon Landais jouit encore d'une grande réputation, quoique son immense travail laisse beaucoup à désirer.

6° Si nous passons aux ouvrages moins importants, nous trouverons Wailly, et Noël et Chapsal.

Le vocabulaire de Wailly, en outre de ses définitions, qui sont rarement de lui, donne peu de noms composés, et jamais la formation de leur pluriel.

Noël et Chapsal, voilà le seul dictionnaire, qui, exécuté sur une grande échelle eût peut-être satisfait le public difficile.

Etymologies, prononciation, synonymes, conjugaison (quoique incomplète) de la plupart des verbes irréguliers, pluriel des noms composés ou dérivés des langues étrangères, enfin, du moins sur le titre : « *La solution de toutes les difficultés que présente notre langue,* » tout s'y trouve ; il n'y a qu'un seul désagrément, c'est que plusieurs règles de français de MM. Noël Chapsal, se ressentent souvent du matérialisme et de l'absolutisme (1).

En résumé, nous possédons peu de chose sur l'orthographe des noms composés, et malgré le principe général de cette orthographe, malgré les règles établies par les grammairiens, tous les jours on se trouve embarrassé, et nous voyons souvent dans les journaux, rédigés par des hommes d'un haut talent, des fautes relatives à ces mots qui ne devront plus désormais se reproduire.

Un vocabulaire de tous les noms composés, fruit de longues recherches, remplit donc une des lacunes qui existent dans notre langue. Car, il faut le dire, malgré les sérieux travaux des Port-Royal, des Richelet, des Wailly, des Domergue (2),

---

(1) Cependant de cette prohibition générale nous excepterons le *Dictionnaire national,* ouvrage gigantesque et capable d'engloutir dans ses compactes colonnes le contenu de tous les dictionnaires français que nous connaissons. L'auteur, M. Bescherelle, a compris toutes les exigences d'un peuple qui n'a rien à envier aux autres nations sous le rapport de la littérature, et en exécutant sa vaste entreprise, il a élevé à la langue française un monument digne d'elle.

(2) Membre de l'Institut, fondateur de l'Académie grammaticale, en 1807, aujourd'hui Société grammaticale et littéraire.

des Sicards, des Laveaux, des Girault-Duvivier, des Lemare, des Boniface, des Vannier, des Bescherelle, bien des parties de la langue française sont encore inexplorées, et il est bien temps de rechercher les causes de cet oubli, et de tâcher d'y remédier. Aujourd'hui surtout que notre belle langue devient universelle, elle doit s'étendre et se perfectionner; car ce qu fait sa gloire, c'est qu'on la parle, c'est qu'on l'adopte dans toutes les cours des Nations civilisées de l'Europe. Sa facilité, son élégance et son extrême clarté, la font rechercher partout. En vain les étrangers prétendent qu'elle le cède aux langues Anglaise et Italienne dans tous les sujets qui exigent de l'élévation dans le sentiment et de la sublimité dans l'expression. Mais il suffit d'opposer à cette opinion la sublimité et l'énergie du style de Corneille, l'élévation et la pureté de la poésie de Racine, le naturel et la naïveté inimitables de La Fontaine, enfin, le style pindarique de Jean-Baptiste Rousseau.

Fixée et perfectionnée par les nombreux Écrivains qui illustrèrent la France sous le règne de Louis XIV, la langue française, par les succès du monarque, commença à se répandre, et maintenant elle est universelle. En Prusse, en Bavière, en Autriche, en Hollande, toutes les classes aisées de la société parlent français; la Belgique, la Suisse, la Savoie, et la plupart des populations qui bordent le Rhin, parlent généralement français; en Russie, la langue de cérémonie est la langue française; les transactions de plusieurs Sociétés savantes de l'Europe sont rédigées en français; enfin, à Londres, à Edimbourg, à Dublin, à la Haye, aux Etats-Unis, en Turquie, en Grèce, etc., on publie des journaux rédigés en français; et les écoles fondées à Constantinople, à Alger, etc., pour enseigner le Français aux jeunes musulmans, prouvent irrévocablement que notre Langue domine par son élégance et son harmonie sur toutes les langues vivantes, et qu'elle règne par sa précision sur tous les Peuples du monde civilisé.

SUR LES NOMS COMPOSÉS.

Les Langues n'étant pas assez riches pour avoir autant de noms particuliers qu'il peut y avoir d'idées à exprimer, il en résulte qu'on est souvent obligé de représenter une idée unique par plusieurs mots équivalant à un seul nom, comme :

Laurier-rose, garde-champêtre, etc.

Ce sont ces expressions formées de plusieurs mots liés par un trait d'union qui ont été appelées NOMS COMPOSÉS.

Voici les quatre règles générales sur lesquelles on peut se guider pour l'orthographe des noms composés :

PREMIÈRE RÈGLE.

Quand un nom composé est formé de deux noms placés immédiatement l'un après l'autre, ils prennent tous les deux la marque du pluriel.

EXEMPLE :

Un chien-loup, des chiens-loups.

2ᵉ RÈGLE.

Lorsqu'un nom composé est formé de deux noms unis par une préposition, le premier de ces noms prend seul la marque du pluriel.

EXEMPLE :

Un chef-d'œuvre, des chefs-d'œuvre.

3ᵉ RÈGLE.

Quand un nom composé est formé d'un nom et d'un adjectif, ils prennent tous deux la marque du pluriel.

EXEMPLE :

Un beau-père, des beaux-pères.

4ᵉ RÈGLE.

Si le nom composé est formé d'un nom joint à un mot invariable (préposition, adverbe, etc.), le nom seul prend la marque du pluriel.

EXEMPLE :

Une arrière-saison, des arrière-saisons.

RÈGLE SANS EXCEPTIONS.

Dans les noms composés de mots invariables de leur nature, aucun d'eux ne se pluralise.

EXEMPLE :

Des pour-boire, des passe-partout,

Enfin, pour principe général de l'orthographe de ces noms, il faut se rappeler que *c'est la décomposition de l'expression qui fait donner aux diverses parties qui les composent, le nombre que le sens indique.* D'après ce principe, on écrit : *Un appui-main, des appuis-main,* c'est-à-dire des baguettes servant d'appui à la main : *Un tête-à-tête., des tête-à-tête,* c'est-à-dire des entretiens où l'on est seul à seul, etc., etc.

Nota. — Nous avons joint à chaque nom composé une définition si exiguë, qu'elle ne doit être regardée que comme indication.

VOCABULAIRE

DES

NOMS COMPOSÉS DE LA LANGUE FRANÇAISE.

SINGULIER.			PLURIEL.
Abat-chauvée.	*f.*	laine inférieure.	abat-chauvée.
Abat-faim.	*m.*	pièce de viande.	abat-faim.
Abat-foin.	*m.*	ouvert pour le foin.	abat-foin.
Abat-jour.	*m.*	qui abat le jour.	abat-jour.
Abat-vent.	*m.*	pour le vent.	abat-vent.
Abat-voix.	*m.*	dessus d'une chaire.	abat-voix.
A-compte.	*m.*	somme en déduction.	à-compte.
Aide-de-camp	*m.*	officier.	aides-de-camp.
Aide-de-cuisine.	*m.*	pour la cuisine.	aides de-cuisine.
Aide-major	*m.*	chirurgien.	aides-majors.
Aide-maçon.	*m.*	pour les maçons.	aides-maçons.
Adjudant-major.	*m.*	officier.	adjudants-majors.
Annonce-omnibus.	*f.*	annonce.	annonces-omnibus.
Appui-main.	*m.*	baguette de peintre.	appuis-main.
Après-dînée.	*f.*	du dîner au soir.	après-dînées.
Après-midi.	*f.*	de midi au soir.	après-midi.
Après-soupée.	*f.*	du souper au coucher.	après-soupées.
A-propos.	*m.*	en temps et lieu.	à-propos.
Arc-boutant.	*m.*	pilier de voûte.	arcs-boutants.
Arc-de-triomphe.	*m.*	monument.	arcs-de-triomphe.
Arc-doubleau.	*m.*	arcade saillante.	arcs-doubleaux.
Arc-en-ciel.	*m.*	météore.	arcs-en-ciel.
Arc-en-terre.	*m.*	terme de physique.	arcs-en-terre.
Arrière-ban.	*m.*	assemblée.	arrière-bans.
Arrière-bec.	*m.*	terme de rivière.	arrière-becs.
Arrière-boutique.	*f.*	point d'une boutique.	arrière-boutiques.
Arrière-caution.	*f.*	terme de jurisprudence.	arrière-cautions.
Arrière-change.	*m.*	intérêt des intérêts.	arrière-changes.

SINGULIER.			PLURIEL.
Arrière-corps.	*m.*	terme d'architecture.	arrière-corps.
Arrière-cour.	*f.*	petite cour.	arrière-cours.
Arrière-cousin.	*m.*	parent.	arrière-cousins.
Arrière-faix.	*m,*	enveloppe du fœtus.	arrière-faix.
Arrière-fermier.	*m.*	sous-fermier.	arrière-fermiers.
Arrière-fief.	*m.*	d'un autre fief.	arrière-fiefs.
Arrière-fleur	*f.*	terme de chamoiseur.	arrière-fleurs.
Arrière-garant.	*m.*	garant du garant.	arrière-garants.
Arrière-garde.	*f.*	portion d'armée.	arrière-gardes.
Arrière-goût.	*m.*	goût désagréable.	arrière-goûts.
Arrière-ligne.	*f.*	terme de guerre.	arrière-lignes.
Arrière-main.	*f.*	terme de jeu de paume.	arrière-mains.
Arrière-neveu.	*m.*	parent. pl. postérité reculée.	arrière-neveux.
Arrière-nièce.	*f.*	parente.	arrière-nièces.
Arrière-pensée.	*f.*	vue secrète.	arrière-pensées.
Arrière-petit-fils.	*m.*	parent.	arrière-petits-fils.
Arrière-petite-fille.	*f.*	parente.	arrière-petites-filles.
Arrière-point.	*m.*	point d'avant en arrière.	arrière-points.
Arrière-rang.	*m.*	art militaire.	arrière-rangs.
Arrière-saison,	*f.*	fin d'une saison.	arrière-saisons.
Arrière-vassal.	*m.*	qui relevait d'un vassal.	arrière-vassaux.
Arrière-voussure.	*f.*	terme d'architecture.	arrière-voussures.
Avale-tout.	*m.*	dissipateur.	avale-tout.
Auto-da-fé.	*m.*	supplice de l'inquisition.	auto-da-fé.
Avant-bec.	*m.*	terme d'architecture.	avant-becs.
Avant-bras.	*m.*	du coude au poignet.	avant-bras.
Avant-chemin-couvert.	*m.*	terme de fortification.	avant - chemins - couverts.
Avant-col.	*m.*	partie du vêtement.	avant-cols.
Avant-cœur.	*m.*	creux de l'estomac.	avant-cœurs.
Avant-corps.	*m.*	terme de métiers.	avant-corps.
Avant-cour.	*f.*	première cour.	avant-cours.
Avant-coureur.	*m.*	qui court devant.	avant-coureurs.
Avant-courrière.	*f.*	poésie, l'aurore.	avant-courrières.
Avant-dernier.	*m.*	avant le dernier.	avant-derniers.
Avant-duc.	*m.*	t. d'architecture.	avant-ducs.
Avant-faire-droit.	*m.*	t. de palais.	avant-faire-droit.
Avant-fossé.	*m.*	t. de fortification.	avant-fossés.
Avant-garde.	*f.*	portion d'armée.	avant-gardes.
Avant-goût.	*m.*	le pl. s'emploie s. au fig.	avant-goûts.
Avant-jour.	*m.*	le jour d'avant.	avant-jours.
Avant-main.	*m.*	t. de manége.	avant-mains.
Avant-mur.	*m.*	t. de fortification.	avant-murs.
Avant-pêche.	*f.*	t. de rivière.	avant-pêches.
Avant-pied.	*m.*	t. d'anatom.—de bottier.	avant-pieds.
Avant-pieu.	*m.*	t. d'architecture.	avant-pieux.
Avant-plancher.	*m.*	t. de menuiserie.	avant-planchers.
Avant-port.	*m.*	t. de marine.	avant-ports.
Avant-portail.	*m.*	t. d'architecture.	avant-portails.
Avant-poste.	*m.*	t. de guerre.	avant-postes.

SINGULIER.		PLURIEL.
Avant-propos.	*m.* préface.	avant-propos.
Avant-quart.	*m.* horlogerie.	avant-quarts.
Avant-scène.	*f.* théâtre.	avant-scènes.
Avant-toit.	*m.* toit en saillie.	avant-toits.
Avant-train.	*m.* d'une voiture, d'un canon	avant-trains.
Avant-veille.	*f.* jour avant la veille.	avant-veilles.
Ave-Maria.	*m.* prière, grains de chapelet	ave-Maria.
Ayant-cause.	*m.* t. de palais.	ayant-cause.
Ayant-droit.	*m.* t. de palais.	ayant-droit.
Bâche-traînante.	*f.* t. de pêche; filet.	bâches-traînantes.
Baille-blé.	*m.* t. de meunier.	baille-blé.
Bain-marie.	*m.* au bain-marie, dans de l'eau chaude.	bains-marie.
Barbe-de-bouc.	*f.* salsifix sauvage.	barbes-de-bouc.
Barbe-de-capucin.	*f.* chicorée sauvage.	barbes-de-capucin.
Barbe-de-chèvre.	*f.* plante.	barbes-de-chèvre.
Barbe-de-Jupiter.	*f.* sous-arbrisseau.	barbes-de-Jupiter.
Barbe-de-moine.	*f.* plante parasite.	barbes-de-moine.
Barbe-de-renard.	*f.* plante épineuse.	barbes-de-renard.
Basse-contre	*f.* t. de musique.	basses-contre.
Basse-cour.	*f.* cour pour le bétail.	basses-cours.
Basse-de-viole.	*f.* instrument.	basses-de-viole.
Basse-de-violon.	*f.* instrument.	basses-de-violon.
Basse-eau.	*f.* t. de marine.	basses-eaux.
Basse-étoffe.	*f.* t. de potier d'étain.	basses-étoffes.
Bas-fond.	*m.* terrain bas; fond de mer.	bas-fonds.
Basse-fosse,	*f.* cachot souterrain.	basses-fosses.
Basse-justice.	*f.* anc. juridiction.	basses-justices.
Basse-lice.	*f.* tapisserie.	basses-lices.
Basse-licier.	*m.* ouvrier en basse-lice.	basse-liciers.
Basse-marche.	*f.* t. d'arts et métiers.	basses-marches.
Basse-mer.	*f.* basse-eau.	basses-mers.
Bas-métier.	*m.* métier des rubaniers,	bas-métiers.
Bas-officier.	*m.* sous-officier.	bas-officiers.
Bas-relief.	*m.* sculpture.	bas-reliefs.
Basse-taille.	*f.* t. de musiq.; de sculpt.	basses-tailles.
Basse-terre.	*f.* t. de marine.	basses-terres.
Basse-tube.	*f.* t. de musique.	basses-tubes.
Pas de singulier.	*f.* t. de marine.	basses-voiles.
Bateau-plat.	*m.* t. de marine.	bateaux-plats.
Bateau-plongeur.	*m.* t. de marine.	bateaux-plongeurs.
Bateau-poste.	*m.* t. de rivière.	bateaux-poste.
Batte-à-beurre.	*f.* bâton p. battre le beurre.	battes-à-beurre.
Batte-à-bœuf.	*f.* p. les bestiaux tués.	battes-à-bœuf.
Batte-cotelette	*f.* p. battre les cotelettes.	battes-cotelettes.
Beau-fils.	*m.* parent, gendre.	beaux-fils.
Beau-frère.	*m.* parent.	beaux-frères.
Beau-père.	*m.* parent.	beaux-pères.
Bec-d'âne.	*m.* outil de menuisier, etc.	becs-d'âne.
Bec-de-canne.	*m.* serrure.	becs-de-canne.
Bec-croche,	*m.* oiseau.	becs-croches.

SINGULIER.			PLURIEL.
Bec-croisé.	*m.*	oiseau.	becs-croisés.
Bec-de-corbin.	*m.*	nom de divers outils.	becs-de-corbin.
Bec-en-ciseaux.	*m.*	oiseau.	becs-en-ciseaux.
Bec-de-grue.	*m.*	t. de chirurgie; de bot.	becs-de-grue.
Bec-de-lièvre.	*m.*	difformité.	becs-de-lièvre.
Bec-d'oiseau.	*m.*	ornithorinque, hist. nat.	becs-d'oiseau.
Bec-de-perroquet.	*m.*	mollusque.	becs-de-perroquet.
Bec-figues.	*m.*	oiseau.	bec-figues.
Bec-fin.	*m.*	oiseau.	becs-fins.
Bec-rond.	*m.*	bouvreuil, gros-bec.	becs-ronds.
Bec-ouvert.	*m.*	oiseau.	becs-ouverts.
Bel-esprit.	*m.*	qui affecte de l'esprit, écrivain spirituel.	beaux-esprits.
Belle-de-jour.	*f.*	plante.	belles-de-jour.
Belle-de-nuit.	*f.*	plante.	belles-de-nuit.
Belle-dame.	*f.*	plante.	belles-dames.
Belle-fille.	*f.*	bru.	belles-filles.
Belle-mère.	*f.*	parente.	belles-mères.
Belle-sœur.	*f.*	parente.	belles-sœurs.
Bernard-l'ermite.	*m.*	crustacé, hist. nat.	bernards-l'ermite.
Bette-marine.	*f.*	bateau de pêcheurs.	bettes-marines.
Bien-fonds.	*m.*	immeubles.	biens-fonds.
Bien-tenant.	*m.*	qui tient.	bien-tenants.
Bien-tenue.	*f.*	possession.	bien-tenues.
Blanc-bec.	*m.*	sans expérience.	blancs-becs.
Blanc-de-baleine.	*m.*	subst. de la baleine.	blancs-de-baleine.
Blanc-de-champignon.	*m.*	subst. du fumier.	blancs-de-champignon.
Blanc-d'Espagne.	*m.*	craie friable.	blancs-d'Espagne.
Blanc-manger.	*m.*	substance animale.	blanc-manger.
Blanc-seing.	*m.*	signature.	blanc-seings.
Bon-chrétien.	*m.*	poire.	bon-chrétien. (1)
Bon-henri.	*m.*	épinard sauvage.	bon-henri.
Bon-mot.	*m.*	plaisanterie.	bons-mots.
Bonne-aventure.	*f.*	aventure; prédiction.	bonnes-aventures.
Bonne-dame.	*f.*	plante.	bonnes-dames.
Bonne-femme.	*f.*	vieille femme.	bonnes-femmes.
Bonne-fortune.	*f.*	événement heureux.	bonnes-fortunes.
Bonne-grâce.	*f.*	draperies de rideaux.	bonnes-grâces.
Borne-fontaine.	*f.*	petite fontaine.	bornes-fontaines.
Bouche-trou.	*m.*	remplaçant peu capable.	bouche-trous.
Bouillon-blanc.	*m.*	plante médicinale.	bouillons-blancs.
Boule-de-neige.	*f.*	faite avec de la neige; plante.	boules-de-neige.
Bout-avant,	*m.*	t. de salines, inspecteur.	bout-avant.

(1) C'est abusivement que beaucoup de lexicographes écrivent des bons-chrétiens, des bons Henris, des reines-claudes. Car des bons-chrétiens, des bons-henris, etc., sont des poires de l'espèce dite bon-chrétien, bon-henri; c'est donc l'espèce qui a donné le nom de bon-chrétien, bon-henri, et non les individus.

SINGULIER.			PLURIEL.
Bout-d'aile	*m.*	plume.	bouts-d'aile.
Bout-de-l'an.	*m.*	service p. un défunt.	bouts-de-l'an.
Bout-de-manche.	*m.*	manche postiche.	bouts-de-manche.
Bout-de-quèvre.	*m.*	bouteux.	bouts-de-quèvre.
Boute-à-port.	*m.*	t. de marine, officier.	Boute-à-port.
Boute-en-train.	*m.*	oiseau ; personne gaie.	boute-en-train.
Boute-dehors.	*m.*	t. de marine.	boute-dehors.
Boute-feu.	*m.*	t. d'artillerie, querelleur.	boute-feu.
Boute-lof.	*m.*	t. de marine ; mât.	boute-lof.
Boute-selle	*m.*	t. de guerre, signal.	boute-selle.
Boute-tout-cuire.	*m.*	dissipateur.	boute-tout-cuire.
Bouton-d'argent.	*m.*	plante.	boutons-d'argent.
Bouton-d'or.	*m.*	plante.	boutons-d'or.
Bouton-de-rose.	*m.*	coquille, hist. nat.	boutons-de-rose.
Bouton-rouge.	*m.*	plante.	boutons-rouges.
Bout-saigneux.	*m.*	t. de boucher.	bouts-saigneux.
Bout-rimé.	*m.*	t. de poésie.	bouts-rimés.
Branle-bas.	*m.*	t. de marine.	branle-bas.
Brèche-dents.	*m.*	brèche entre les dents.	brèche-dents.
Brin-blanc.	*m.*	coquille, histoire nat.	brins-blancs.
Brin-bleu.	*m.*	oiseau, hist. nat.	brins-bleus.
Brise-cou.	*m.*	t. de manége.	brise-cou.
Brise-glace.	*m.*	t. de rivière.	brise-glace.
Brise-mottes.	*m.*	t. d'agriculture.	brise-mottes.
Brise-pierre.	*m.*	t. de chirurg., instrum.	brise-pierre.
Brise-raison.	*m.*	personne sans jugement.	brise-raison.
Brise-scellés.	*m.*	qui brise les scellés.	brise-scellés. (1)
Brise-tout.	*m.*	enfant qui brise tout.	brise-tout.
Brise-vent.	*m.*	t. de jardinier.	brise-vent.
Brûle-queue.	*m.*	t. de vétérinaire.	brûle-queue.
Brûle-tout.	*m.*	p. les bouts de chandelle.	brûle-tout.
Brute-bonne.	*f.*	espèce de poire.	brutes-bonnes.
Cache-entrée.	*f.*	t. de serrurerie.	cache-entrée.
Caille-lait.	*m.*	plante.	caille-lait.
Caillot-rosat.	*m.*	poire pierreuse.	caillots-rosats.
Camp-volant.	*m.*	t. de guerre.	camps-volants.
Capitaine-blanc.	*m.*	poisson.	capitaines-blancs.
Capitan-pacha.	*m.*	grand amiral turc.	capitans-pachas.
Casse-bouteille.	*m.*	t. de physique.	casse-bouteille.
Casse-cou.	*m.*	endroit dangereux, terme d'équitation.	casse-cou.
Casse-croûte.	*m.*	instrum. pour casser la croûte.	casse-croûtes.
Casse-mottes.	*m.*	outil de jardinier.	casse-mottes.
Casse-noisettes.	*m.*	pour casser les noisettes.	casse-noisettes. (2)
Casse-noix.	*m.*	p. casser les noix.	casse-noix.
Casse-tête.	*m.*	massue, vin fumeux.	casse-tête.

(1) Laveaux écrit : brise-scellé.

(2) Laveaux, au singulier : casse-noisette.

SINGULIER.			PLURIEL.
Casse-tête-chinois.	*m.*	collection de triangles.	casse-tête-chinois.
Cent-suisses.	*m.*	ancienne garde.	cent-suisses.
Cerf-volant.	*m.*	insecte volant.	cerfs-volants.
Chapeau-chinois.	*m.*	instrument de musique.	chapeaux-chinois.
Char-à-bancs.	*m.*	voiture.	chars-à-bancs.
Chasse-avant.	*m.*	terme d'atelier.	chasse-avant.
Chasse-bosse.	*m.*	plante vivace.	chasse-bosse.
Chasse-chiens.	*m.*	terme populaire, portier.	chasse-chiens.
Chasse-coquins.	*m.*	bedeau.	chasse-coquins.
Chasse-cousins.	*m.*	fleuret, mauvais vin.	chasse-cousins.
Chasse-marée.	*m.*	voiture, bâtiment.	chasse-marée.
Chasse-mouches.	*m.*	petit balai, filet.	chasse-mouche.
Chasse-poignée.	*m.*	outil de fourbisseur.	chasse-poignée.
Chasse-pointe	*m.*	outil.	chasse-pointe.
Chat-huant.	*m.*	animal.	chats-huants.
Chauffe-chemise.	*m.*	panier d'osier, etc.	chauffe-chemise.
Chauffe-cire.	*m.*	terme de chancellerie.	chauffe-cire.
Chauffe-la-couche.	*m.*	terme injurieux.	chauffe-la-couche.
Chauffe-lit.	*m.*	bassinoire.	chauffe-lit.
Chauffe-linge.	*m.*	chauffe-chemise.	chauffe-linge.
Chauffe-pieds.	*m.*	chaufferette.	chauffe-pieds.
Chausse-pieds.	*m.*	corne pour les souliers.	chausse-pieds.
Chausse-trappe.	*f.*	terme de guerre ; d'histoire naturelle, etc.	chausse-trappes.
Chauve-souris.	*f.*	mammifère volant.	chauves-souris.
Chef-d'œuvre.	*m.*	ouvrage parfait.	chefs-d'œuvre.
Chef-lieu.	*m.*	préfecture de départ.	chefs-lieux.
Chêne-vert.	*m.*	plante.	chênes-verts.
Cherche-fiche.	*m.*	outil de serrurier.	cherche-fiche.
Cherche-pointe.	*m.*	outil idem.	cherche-pointe.
Cheval-marin.	*m.*	animal fabuleux.	chevaux-marins.
Chevau-léger.	*m.*	cavalier.	chevau-légers.
Chèvre-feuille.	*m.*	arbrisseau, fleurs.	chèvres-feuilles.
Chèvre pieds.	*m.*	qui a des pieds de chèvre.	chèvre-pieds.
Chie-en-lit.	*m.*	masque.	chie-en-lit.
Chien-loup.	*m.*	animal.	chiens-loups.
Chien-marin.	*m.*	poisson.	chiens-marins.
Chien-de-mer.	*m.*	chien-marin.	chiens-de-mer.
Chou-blanc.	*m.*	terme de jeux.	choux-blancs.
Chou-fleur.	*m.*	chou.	choux-fleurs.
Chou-navet.	*m.*	plante.	choux-navets.
Chou-palmiste.	*m.*	fruit d'un palmier.	choux-palmistes.
Chou-rave.	*m.*	plante.	choux-raves.
Ciel-de-lit.	*m.*	draperie.	ciels-de-lit.
Ciel-de-climat.	*m.*	climat.	ciels-de-climat.
Ciel-de tableau.	*m.*	terme de peinture.	ciels-de-tableau.
Cigarette-Raspail.	*f.*	mot nouveau.	cigarettes-Raspail.
Clair-obscur.	*m.*	terme de peinture.	clair-obscurs.
Clair-semé. *adj.*	*m.*	pas serré.	clair-semés.
Claire-voie.	*f.*	ouverture.	claires-voies.
Claque-dents.	*m.*	malheureux gelé.	claque-dents.

SINGULIER.			PLURIEL.
Claque-oreilles.	*m.*	chapeau.	claque-oreilles.
Clin-d'œil.	*m.*	signe de l'œil.	clins-d'œil (1).
Clou-d'épingle.	*m.*	clou.	clous-d'épingle.
Clou-de-girofle.	*m.*	aromate.	clous-de-girofle.
Coffre-fort.	*m.*	coffre garni de fer.	coffres-forts.
Co-associé.	*m.*	associé avec...	co-associés.
Co-État.	*m.*	État qui partage.	co-États.
Co-évêque.	*m.*	évêque qui partage.	co-évêques.
Co-existence.	*f.*	existence simultanée.	co-existences.
Co-légataire.	*m.*	terme de jurisprudence.	co-légataires.
Commissaire-pri-		qui fait des prisées.	commissaires-priseurs.
seur	*m.*		
Co-propriétaire.	*m.*	qui partage une propriété.	co-propriétaires.
Colle-forte.	*f.*	Colle.	colles-fortes.
Co-religionnaire.	*m.*	terme de religion.	co-religionnaires.
Colin-maillard.	*m.*	terme de jeu.	colins-maillards (2).
Compte-courant.	*m.*	terme de commerce.	compte-courants.
Compte-pas.	*m.*	mesure pour le chemin.	compte-pas.
Compte-rendu.	*m.*	rapport.	comptes-rendus.
Contre-allée.	*f.*	chemin.	contre-allées.
Contre-amiral.	*m.*	5e officier supérieur.	contre-amiraux.
Contre-batterie.	*f.*	terme de marine.	contre-batteries.
Contre-appel.	*m.*	t. d'escrime ; de guerre.	contre-appels.
Contre-approches.	*f.*	(point de singulier.)	contre-approches.
Contre-basse.	*f.*	instrument.	contre-basses.
Contre-biseau.	*m.*	terme de musique.	contre-biseaux.
Contre-bittes.	*f.*	t. de mar., pas de sing.	contre-bittes.
Contre-boutant.	*m.*	terme d'architecture.	contre-boutants.
Contre-brodé.	*m.*	rassade blanche et noire.	contre-brodés.
Contre-carène.	*f.*	terme de marine.	contre-carènes.
Contre-chant.	*m.*	contre-point.	contre-chants.
Contre-charge.	*f.*	terme de maçonnerie.	contre-charges.
Contre-charme.	*m.*	charme contraire.	contre-charmes.
Contre-châssis.	*m.*	châssis.	contre-châssis.
Contre-chevron.	*m.*	chevron opposé à...	contre-chevrons.
Contre-clef.	*f.*	terme d'architecture.	contre-clefs.
Contre-cœur.	*m.*	terme d'architecture.	contre-cœurs.
Contre-civadière.	*f.*	marine, voile.	contre-civadières.
Contre-coup.	*m.*	lésion, événement.	contre-coups.
Contre-courant.	*m.*	courant opposé.	contre-courants.
Contre-danse.	*f.*	danse.	contre-danses.
Contre-dégagement.	*m.*	terme d'escrime.	contre-dégagements.
Contre-échange	*m.*	échange mutuel.	contre-échanges.
Contre-émailleur.	*m.*	terme d'émailleur.	contre-émailleurs.

(1) Chapsal. Trévoux. L'Académie ne donne pas le pluriel. Napoléon Landais propose clins d'yeux.

(2) D'après Girault-Duvivier, des Colin-Maillard, c'est-à-dire des Colin qui cherchent Maillard.

SINGULIER.		PLURIEL.
Contre-enquête.	f. terme de palais.	contre-enquêtes.
Contre-épreuve	f. épreuve ; t. société sav.	contre-épreuves.
Contre-escarpe.	f. t. de fortification.	contre-escarpes.
Contre-espalier.	m. terme de jardinage.	contre-espaliers.
Contre-étambord.	m. terme de marine.	contre-étambords.
Contre-étrave.	f. terme de marine.	contre-étraves.
Contre-extension.	f. terme de chirurgie.	contre-extensions.
Contre-fanons.	m. pas de singulier (mar.).	contre-fanons.
Contre-fente	f. terme de chirurgie.	contre-fentes.
Contre-fiches.	f. p. de sing., t. d'archit.	contre-fiches.
Contre-finesse	f. finesse opposée.	contre-finesses.
Contre-fissure.	f. t. de chirurgie.	contre-fissures.
Contre-fort.	m. muraille, cuir.	contre-forts.
Contre-fossé.	m. avant-fossé.	contre-fossés.
Contre-foulement.	m. terme d'hydraulique.	contre-foulements.
Contre-fruit.	m. terme d'architecture.	contre-fruits.
Contre-fugue.	f. terme de musique.	contre-fugues.
Contre-gage.	m. terme de commerce.	contre-gages.
Contre-garde.	f. terme de fortification.	contre-gardes.
Contre-hachure.	f. terme de dessin.	contre-hachures.
Contre-hâtier.	m. chenet de cuisine.	contre-hâtiers.
Contre-heurtoir.	m. morceau de fer.	contre-heurtoirs.
Contre-indication.	f. terme de médecine.	contre-indication
Contre-jour.	m. jour opposé.	contre-jours.
Contre-jumelles.	f. p. de sing. ; t. de paveur.	contre-jumelles.
Contre-lames.	f. id. ; terme de gazier.	contre-lames.
Contre-latte.	f. terme de couvreur.	contre-lattes.
Contre-lattoir.	m. outil de couvreur.	contre-lattoirs.
Contre-lettre.	f. terme de jurisprudence.	contre-lettres.
Contre-mailles.	f. p. de sing.; t, de pêche.	contre-mailles.
Contre-maître	m. t. de marine ; chef d'atel.	contre-maîtres.
Contre-mandement.	m. ordre contraire.	contre-mandemens.
Contre-marche.	f. art militaire, marine, etc.	contre-marches.
Contre-marée.	f. marée opposée.	contre-marées.
Contre-marque.	f. ter. de comm., de manég.	contre-marques.
Contre-mine.	f. curage souterrain.	contre-mines.
Contre-mineur.	m. ouvrier.	contre-mineurs.
Contre-mot.	m. terme de guerre.	contre-mots.
Contre-moule.	m. terme de fondeur.	contre-moules.
Contre-mur.	m. terme d'architecte.	contre-murs.
Contre-ongle.	m. terme de vénerie.	contre-ongles.
Contre-ordre.	m. révocation d'un ordre.	contre-ordres.
Contre-ouverture.	f. terme de chirurgie.	contre-ouvertures.
Contre-pal.	m. terme de blason.	contre-pals.
Contre-partie.	f. musique, banque, etc.	contre-parties.
Contre-pente.	f. terme d'hydraulique.	contre-pentes.
Contre-pied.	m. terme de chasse.	pas de pluriel.
Contre-pilastre.	m. terme d'architecture.	contre-pilastres.
Contre-platine.	f. terme d'armurier.	contre-platines.
Contre-pleige.	m. terme de pratique.	contre-pleiges.
Contre-poids.	m. force, balancier.	contre-poids.

SINGULIER.			PLURIEL.
Contre-poil.	m.	rebours du poil.	pas de pluriel.
Contre-poinçon.	m.	poinçon, t. de graveur.	contre-poinçons.
Contre-point.	m.	terme de musique.	contre-points.
Contre-poison.	m.	terme de médecine.	contre-poisons.
Contre-porte.	f.	seconde porte.	contre-portes.
Contre-poseur.	m.	terme d'architect.	contre-poseurs.
Contre-position.	f.	terme de tenue de livres.	contre-positions.
Contre-potence.	f.	terme d'horlogerie.	contre-potences.
Contre-projet.	m.	qui fait échouer un projet.	contre-projets.
Contre-promesse.	f.	terme de jurisprudence.	contre-promesses.
Contre-queue-d'a-ronde.	f.	terme de fortification.	contre-queues-d'aron-de.
Contre-quille.	f.	terme de marine.	contre-quilles.
Contre-rétable.	m.	terme d'architecture.	contre rétables.
Contre-révolution.	f.	seconde révolution.	contre-révolutions.
Contre-révolutionn.	m.	révolutionnaire.	contr.-révolutionnaires
Contre-ronde.	f.	terme militaire.	contre-rondes.
Contre-ruse.	f.	ruse contre.	contre-ruses.
Contre-sabord.	m.	terme de marine.	contre-sabords.
Contre-salut.	m.	terme de marine.	contre-saluts.
Contre-sanglon.	m.	terme d'harnacheur.	contre-sanglons.
Contre-scel.	m.	petit sceau.	contre-scels.
Contre-seing.	m.	signature.	contre-seings.
Contre-sens.	m.	sens-contraire.	contre-sens.
Contre-signeur.	m.	qui contre-signe.	contre-rigueurs.
Contre-sommation.	f.	terme de palais.	contre-sommations.
Contre-sommier.	m.	terme d'imp., parchemin.	contre-sommiers.
Contre-taille.	f.	terme de graveur.	contre-tailles.
Contre-tasseau.	m.	bois.	contre-tasseaux.
Contre-temps.	m.	accident, ter. de musique	contre-temps.
Contre-vérité.	f.	vérité contraire.	contre-vérités.
Contre-visite.	f.	seconde visite.	contre-visites.
Coq-à-l'âne.	m.	discours sans suite.	coq-à-l'âne.
Coq-d'inde.	m.	dindon ; imbécile.	coqs-d'inde.
Cordon-bleu.	m.	titre, excell. cuisinière.	cordons-bleus.
Corps-de-garde.	m.	poste militaire.	corps-de-garde.
Corps-de-logis.	m.	logement.	corps-de-logis.
Coupe-bourgeons.	m.	insecte.	coupe-bourgeons.
Coupe-cercle.	m.	instrument de mathémat.	coupe-cercles.
Coupe-cors.	m.	pour les cors.	coupe-cors.
Coup-d'œil.	m.	clin d'œil.	coups-d'œil.
Coupe-gorge.	m.	lieu dangereux.	coupe-gorge.
Coupe-jarrets.	m.	brigands.	coupe-jarrets.
Coupe-paille.	m.	pour couper la paille.	coupe-paille.
Coupe-pâte.	m.	pour couper la pâte.	coupe-pâte.
Coupe-queue.	m.	instrument de mégissier.	coupe-queues.
Coupe-racines.	m.	instrument de jardinier.	coupe-racines.
Coupe-tête.	m.	jeu.	coupe-tête.
Coure-vite.	m.	oiseau.	coure-vite.
Court-bâton.	m.	terme de marine.	courts-bâtons.
Court-bouillon.		terme de cuisine.	courts-bouillons.

2.

SINGULIER.			PLURIEL.
Court-bouton.	*m.*	cheville de bois.	courts-boutons.
Courte-botte.	*m.*	petit homme.	courtes-bottes.
Courte-boule.	*f.*	jeu.	courtes-boules.
Courte-paille.	*f.*	sort.	courtes-pailles.
Courte-paume.	*f.*	jeu (s'il y a un pluriel).	courtes-paumes.
Courte-pointe.	*f.*	couverture de lit.	courtes-pointes.
Courte-pointier.	*m.*	ouvrier.	courte-pointiers.
Couvre-chef.	*m.*	coiffure, ter. de chir., etc.	couvre-chef.
Couvre-feu.	*m.*	ter. d'église, de cuis., etc.	couvre-feu.
Couvre-pieds.	*m.*	couverture de lit.	couvre-pieds.
Couvre-plat.	*m.*	couvercle.	couvre-plats.
Crête-de-coq.	*f.*	plante, coquille.	crêtes-de-coq.
Crève-cœur.	*m.*	déplaisir.	crève-cœur (1).
Cric-crac.	*m.*	bruit.	cric-crac.
Cri-cri.	*m.*	insecte.	cri-cri.
Crin-crin.	*m.*	mauvais violon.	crin-crin.
Criste-marine.	*f.*	plante.	criste-marines.
Croc-en-jambes.	*f.*	tour de lutte.	crocs-en-jambes.
Croiseur-garde-côtes.	*m.*	marine.	croiseurs - gardes - côtes (2).
Croque-mort.	*m.*	qui transporte les morts.	croque-morts.
Croque-notes.	*f.*	mauvais musicien.	croque-notes.
Cuisse-madame.	*f.*	poire longue.	cuisses-madame.
Cul-de-basse-fosse.	*m.*	cachot.	culs-de-basse-fosse.
Cul-de-jatte.	*m.*	estropié.	culs-de-jattes.
Cul-de-lampe.	*m.*	architecture, imprimerie.	culs-de-lampe.
Cul-de-sac.	*m.*	rue, emploi, etc.	culs-de-sac.
Cure-dents.	*m.*	pour les dents.	cure-dents.
Cure-feu.	*m.*	terme de forgeron.	cure-feu.
Cure-langue.	*m.*	gratte-langue.	cure-langue.
Cure-môle.	*m.*	machine.	cure-môle.
Cure-oreilles.	*m.*	pour les oreilles.	cure-oreilles (3).
Cure-pieds.	*m.*	terme de vétérinaire.	cure-pieds (4).
Da-capo.	*m.*	terme de musique.	da-capo.
Dame-dame.	*m.*	fromage.	dames-dames.
Dame-jeanne.	*f.*	grosse bouteille.	dames-jeannes.
Demi-aigrette.	*f.*	oiseau.	demi-aigrettes.
Demi-amazone.	*f.*	oiseau.	demi amazones.
Demi-bain.	*m.*	bain.	demi-bains.
Demi-bastion.	*m.*	terme de fortification.	demi-bastions.
Demi-battoir.	*m.*	terme de jeu de paume.	demi-battoirs.
Demi-bosse.	*f.*	sculpture.	demi-bosses.
Demi-bourse.	*f.*	terme de pratique.	demi-bourses.
Demi-bouteille.	*f.*	petite bouteille.	demi-bouteilles.

(1) Landais. Crève-cœurs au pluriel.

(2) J'aurais vainement cherché ce mot dans tous nos dictionnaires français. Je le dois, ainsi que plusieurs autres, à M. Noellet, instituteur primaire, qui voulut bien me le communiquer. Je lui en témoigne ici mes sincères remerciements.

(3) Laveaux. Un cure-oreille.

(4) Laveaux. Un cure-pied.

SINGULIER.			PLURIEL.
Demi-cercle.	*m.*	terme de géométrie.	demi-cercles.
Demi-colonne.	*f.*	terme d'architecture.	demi-colonnes.
Demi-deuil.	*m.*	vêtement, papillon.	demi-deuils.
Demi-diamètre.	*m.*	rayon, géométrie.	demi-diamètres.
Demi-dieu.	*m.*	mythologie.	demi-dieux.
Demi-douzaine.	*f.*	six.	demi-douzaines.
Demi-fin.	*m.*	galons, oiseau.	demi-fins.
Demi-fleuron.	*m.*	terme de botanique.	demi-fleurons.
Demi-folles.	*f.*	pas de singulier, filet.	demi-folles.
Demi-fortune.	*f.*	voiture.	demi-fortunes.
Demi-heure.	*f.*	30 minutes.	demi-heures.
Demi-hollande.	*f.*	toile.	demi-hollande.
Demi-laine.	*f.*	moitié laine.	demi-laines.
Demi-lune.	*f.*	terme de fortification.	demi-lunes.
Demi-mesure.	*f.*	musique, terme de pratiq.	demi-mesures.
Demi-métal.	*m.*	substance métallique.	demi-métaux.
Demi-métope.	*f.*	terme d'architecture.	demi-métopes.
Demi-négligé.	*m.*	négligé recherché.	demi-négligés.
Demi-ordonnées.	*f.*	pas de sing., géométrie.	demi-ordonnées.
Demi-parabole.	*f.*	terme de géométrie.	demi-paraboles.
Demi-parallèle.	*f.*	terme de fortification.	demi-parallèles.
Demi-paume.	*f.*	raquette.	demi-paumes.
Demi-pause.	*f.*	terme de musique.	demi-pauses.
Demi-pension.	*f.*	pension, etc.	demi-pensions.
Demi-pensionnaire.	*m.*	pensionnaire, etc.	demi-pensionnaires
Demi-pièce.	*f.*	moitié d'une pièce.	demi-pièces.
Demi-quart.	*m.*	le huitième.	demi-quarts.
Demi-quarteron.	*m.*	moitié d'un quarteron.	demi-quarterons.
Demi-savant.	*m.*	homme d'un savoir ordin.	demi-savants.
Demi-setier.	*m.*	mesure.	demi-setiers.
Demi-solde.	*f.*	moitié de solde.	demi-soldes.
Demi-soupir.	*m.*	terme de musique.	demi-soupirs.
Demi-talent.	*m.*	petit talent.	demi-talents.
Demi-teinte.	*f.*	couleur.	demi-teintes.
Demi-ton.	*m.*	terme de musique.	demi-tons.
Demi-tour.	*m.*	terme de guerre.	demi-tours.
Demi-triquet.	*m.*	t. de paumier-raquetier.	demi-triquets.
Demi-varlope.	*f.*	rabot.	demi-varlopes.
Demi-volte.	*f.*	t. de manége, d'escrime.	demi-voltes.
Dit-on.	*m.*	façon de parler.	dit-on.
Doit-et-avoir.	*m.*	terme de commerce.	doit-et-avoir.
Double-croche.	*f.*	t. de musiq., demi-croch.	doubles-croches.
Double-dent.	*f.*	dent double.	doubles-dents.
Double-écrit.	*m.*	écrit double.	doubles-écrits.
Double-feuille.	*f.*	terme de botanique.	doubles-feuilles.
Double-fleur.	*f.*	poirier.	doubles-fleurs.
Double-louis.	*m.*	monnaie d'or.	doubles-louis.
Double-marcheur.	*m.*	reptile.	doubles-marcheurs.
Eau-de-javelle.	*f.*	terme de chimie.	eaux-de-javelle.
Eau-de-vie.	*f.*	liqueur.	eaux-de-vie.
Eau-forte.	*f.*	acide nitrique.	eaux-fortes.

SINGULIER.			PLURIEL.
Eau-minérale.	f.	terme chimie.	eaux-minérales.
Eau-régale.	f.	t. de chimie, eau minér.	eaux-régales.
Eau-seconde.	f.	id.	eaux-secondes.
Eau-de-seltz.	f.	id.	eaux-de-seltz.
Eau-de-sedlitz.	f.	id.	eaux-de-sedlitz.
Eau-thermale.	f.	id.	eaux-thermales.
Eau-végétale.	f.	terme de parfumerie.	eaux végétales.
Ecce-homo.	m.	tableau de J.-C.	Ecce-homo.
Ecoute s'il pleut.	m.	espoir mal fondé.	écoute-s'il-pleut.
Entr'acte.	m.	terme de théâtre.	entr'actes.
Entre-colonnes.	m.	terme d'architecture.	entre-colonnes.
Entre-colonnement.	m.	entre-colonnes.	entre-colonnements.
Entre-côtes.	m.	terme de boucher.	entre-côtes.
Entre-deux.	m.	partie entre deux choses.	entre-deux.
Entre-lacs.	m.	terme d'architecture.	entre-lacs.
Entre-lignes.	m.	espace.	entre-lignes (1).
Entre-nœuds.	m.	terme de botanique.	entre-nœuds.
Entre-sabords.	m.	terme de marine.	entre-sabords.
Entre-sol.	m.	logement.	entre-sols.
Entre-sourcils.	m.	entre les sourcils.	entre-sourcils.
Entre-taillure.	f.	blessure d'un cheval.	entre-taillures.
Entre-temps.	m.	intervalle de temps.	entre-temps.
Epine-vinettes.	f.	arbrisseau.	épines-vinettes.
Equipeur-monteur.	m.	terme d'armurier.	équipeurs-monteurs.
Essuie-mains.	m.	linge.	essuie-mains (2).
Essuie-pierre.	m.	linge p. essuyer un fusil.	essuie-pierres.
Etat-major.	m.	terme de guerre.	états-majors.
Etat-major-général.	m.	id.	états-majors-généraux.
Ex-député.	m.	autrefois député.	ex-députés.
Ex-empereur.	m.	autrefois empereur.	ex-empereurs.
Ex-employé.	m.	autrefois employé.	ex-employés.
Ex-général.	m.	autrefois général.	ex-généraux.
Ex-magistrat.	m.	autrefois magistrat.	ex-magistrats.
Ex-ministre.	m.	autrefois ministre.	ex-ministres.
Ex-préfet.	m.	autrefois préfet.	ex-préfets.
Ex-recteur.	m.	autrefois recteur.	ex-recteurs.
Ex-régent.	m.	autrefois régent.	ex-régents.
Ex-roi.	m.	autrefois roi.	ex-rois.
Ex-voto.	m.	offrande.	ex-voto (3).
Fac-simile.	m.	écriture.	fac-simile.
Fausse-aire.	f.	terme d'architecture.	fausses-aires.
Fausse-alarme.	f.	alarme sans sujet.	fausses-alarmes.
Fausse-alerte.	f.	alerte sans sujet.	fausses-alertes.
Fausse-attaque.	f.	attaque feinte.	fausses-attaques.

(1) Laveaux. Entre-ligne au singulier.

(2) Laveaux. Essuie-main au singulier et au pluriel.

(3) On comprend maintenant le principe pour tous les mots formés avec la préposition latine EX.

SINGULIER.		PLURIEL.
Fausse-braie.	f. terme d'architecture.	fausses-braies.
Fausse-cheminée.	f. cheminée feinte.	fausses-cheminées.
Fausse-clef.	f. clef contrefaite.	fausses-clefs.
Fausse-côte.	f. terme d'anatomie.	fausses-côtes.
Fausse-couche.	f. terme de médecine.	fausses-couches.
Fausse-coupe.	f. coupe mal faite.	fausses-coupes.
Fausse-dent.	f. terme de dentiste.	fausses-dents.
Fausse-duite.	f. défaut de fabrication.	fausses-duites.
Fausse-équerrre.	f. instrument de géométrie.	fausses-équerres.
Fausse-étrave.	f. terme de marine.	fausses-étraves.
Fausse-fenêtre.	f. fenêtre simulée.	fausses-fenêtres.
Fausse-fleur.	f. terme de botanique.	fausses-fleurs.
Fausse-marche.	f. marche feinte.	fausses-marches.
Fausse-marge.	f. terme de relieur.	fausses-marges.
Fausse-monnaie.	f. monnaie contrefaite.	fausses-monnaies.
Fausse-page.	f. terme d'imprimerie.	fausses-pages.
Fausse-plaque.	f. terme d'horlogerie.	fausses-plaques.
Fausse-porte.	f. porte feinte.	fausses-portes.
Fausse-position.	f. terme de pratique.	fausses-positions.
Fausse-quarte.	f. terme de musique.	fausses-quartes.
Fausse-quinte.	f. quinte diminuée.	fausses-quintes.
Fausse-manche.	f. partie de vêtement.	fausses-manches.
Fausse-route.	f. route déguisée.	fausses-routes.
Faux-accord.	m. terme de musique.	faux-accords.
Faux-bois.	m. terme de jardinier.	faux-bois.
Faux-bourdons.	m. terme de musique.	faux-bourdons.
Faux-brillant.	m. pensée, bijou.	faux-brillants.
Faux-col.	m. col de chemise.	faux-cols.
Faux-coup.	m. coup porté à faux.	faux-coups.
Faux-emploi.	m. terme de commerce.	faux-emplois.
Faux-étai.	m. terme de marine.	faux-étais.
Faux-frais.	m. frais inutiles, pas de sing.	faux-frais.
Faux-frère.	m. qui trahit.	faux-frères.
Faux-manteau.	m. terme d'architecture.	faux-manteaux.
Faux-fuyant.	m. endroit détourné.	faux-fuyants.
Faux-germe.	m. terme de médecine.	faux-germes.
Faux-jour.	m. lueur fausse.	faux-jours.
Faux-monnayeur.	m. qui fait de la fausse monn.	faux-monnayeurs.
Faux-ordre.	m. ordre feint.	faux-ordres.
Faux-ourlet.	m. terme de couturière.	faux-ourlets.
Faux-panneau.	m. panneau.	faux-panneaux.
Faux-pas.	m. pas mal assuré, faute.	faux-pas.
Faux-plafond.	m. plafond simulé.	faux-plafonds.
Faux-plancher.	m. plancher.	faux-planchers.
Faux-pli.	m. terme de couturière.	faux-plis.
Faux-prophète.	m. imposteur.	faux-prophètes.
Faux-quartier.	m. terme de cordonnier.	faux-quartiers.
Faux-sabord.	m. terme de marine.	faux-sabords.
Faux-saunage.	m. terme de commerce.	faux-saunages.
Faux-teint.	m. couleur.	faux-teints.
Faux-témoin.	m. terme de palais.	faux-témoins.

SINGULIER.			PLURIEL.
Faux-tirant.	*m.*	pièce de bois.	faux-tirants.
Faux-titre.	*m.*	papier faux, t. d'imprim.	faux-titres.
Fer-à-cheval.	*m.*	t. de jard., de fortif., etc.	fers-à-cheval.
Fer-blanc.	*m.*	terme de ferblantier.	fers-blancs.
Fer-battu.	*m.*	métal.	fers-battus.
Fer-galvanisé.	*m.*	métal.	fer-galvanisés.
Fesse-cahier.	*m.*	petit écrivain.	fesse-cahier.
Fesse-mathieu.	*m.*	prêteur sur gage.	fesse-mathieu.
Fête-Dieu.	*f.*	fête du St-Sacrement.	fêtes-Dieu.
Feu-d'artifice.	*m.*	feu de réjouissances pub.	feux-d'artifice.
Feu-grégeois.	*m.*	qui brûle dans l'eau.	feux-grégeois.
Feu-sacré.	*m.*	feu de Vesta.	feux-sacrés.
Feu-St-Elme.	*m.*	t. d'histoire naturelle.	feux-St-Elme.
Fier-à-bras.	*m.*	fanfaron.	fier-à-bras.
Flic-flac.	*m.*	bruit d'un fouet.	flic-flac.
Fluteur-automate.	*m.*	terme de mécanique.	fluteurs-automates.
Folle-enchère.	*f.*	enchère.	folles-enchères.
Forté-piano.	*m.*	instrument.	forté-piano.
Fouette-queue.	*m.*	t. d'histoire naturelle.	fouette-queue.
Fouille-au-pot.	*m.*	petit marmiton.	fouille-au-pot.
Fouille-merde.	*m.*	histoire natur., scarabée.	fouille-merde.
Fourmi-lion.	*m.*	insecte névroptère.	fourmis-lions.
Franc-archer.	*m.*	milice de Charles VII.	francs-archers.
Franc-alleu.	*m.*	terme d'histoire, terre.	francs-alleux.
Franc-bord.	*m.*	terme de marine.	francs-bords.
Franc étable.	*m.*	id.	pas de pluriel.
Franc-funin.	*m.*	t. de mar., corde longue.	francs-funins.
Franc-maçon.	*m.*	de la franc-maconnerie.	francs-maçons.
Franc-maçonne.	*f.*	id.	francs-maçonnes.
Franc-maçonnerie.	*f.*	société mystérieuse.	pas de pluriel.
Franc-réal.	*m.*	poire.	francs-réals.
Franc-tillac.	*m.*	terme de marine.	francs-tillacs.
Fripe-sauce.	*m.*	glouton.	fripe-sauce.
Gagne-denier.	*m.*	homme sans état.	gagne-denier.
Gagne-pain.	*m.*	qui fait gagner la vie.	gagne-pain.
Gagne-petit.	*m.*	émouleur.	gagne-petit.
Garde-avancée.	*m.*	terme de guerre.	gardes-avancées.
Garde-boutique.	*m.*	vieille marchandise.	garde-boutique.
Garde-champêtre.	*m.*	gardien des champs.	gardes-champêtres.
Garde-chasse.	*m.*	qui garde du gibier.	gardes-chasse.
Garde-corps.	*m.*	terme de marine.	garde-corps.
Garde-côtes.	*m.*	soldat.	gardes-côtes.
Garde-côtes.	*m.*	bâtiment.	garde-côtes.
Garde-du-corps.	*m.*	soldat.	gardes-du-corps.
Garde-des-sceaux.	*m.*	ministre.	gardes-des-sceaux.
Garde-feu.	*m.*	grille.	garde-feu.
Garde-forestier.	*m.*	d'une forêt.	gardes-forestiers.
Garde-fou.	*m.*	barrière.	garde-fous.
Garde-française.	*m.*	soldat.	gardes-françaises.
Garde-magasins.	*m.*	agent.	gardes-magasins.
Garde-magasins.	*m.*	vieille marchandise.	garde-magasins.

SINGULIER.		PLURIEL.
Garde-main.	*m.* papier.	garde-main.
Garde-malade.	*f.* qui soigne les malades.	gardes-malades.
Garde-manche.	*f.* fausse manche.	garde-manches.
Garde-manger.	*m.* pour le manger.	garde-manger.
Garde-marine.	*m.* gentilhomme.	gardes-marine.
Garde-meubles.	*m.* lieu pour les meubles.	garde-meubles.
Garde-moulin.	*m.* qui garde un moulin.	gardes-moulin.
Garde-national.	*m.* soldat bourgeois.	gardes-nationaux.
Garde-nationale.	*f.* garde-bourgeoise.	gardes-nationales.
Garde-notes.	*m.* ancien notaire.	garde-notes.
Garde-robe.	*f.* cabinet.	garde-robes.
Garde-royal.	*m.* soldat.	gardes-royaux.
Garde-royale.	*f.* garde du roi.	gardes-royales.
Garde-vente.	*m.* qui garde les ventes.	gardes-ventes
Garde-vue.	*m.* pour la vue.	garde-vue.
Gâte-bois.	*m.* mauvais ouvrier.	gâte-bois.
Gâte-enfant.	*m. f.* des deux genres; bonne personne.	gâte-enfants.
Gâte-métier.	*m.* qui va au rabais.	gâte-métiers.
Gâte-pâte.	*m.* mauvais pâtissier ou boulanger.	gâte-pâte.
Gâte-sauce.	*m.* marmiton.	gâte-sauce.
Gobe-mouches.	*m.* imbécile.	gobe-mouches.
Gomme-gutte.	*f.* couleur.	gomme-guttes.
Gomme-résine.	*f.* substance végétale.	gommes-résines.
Gorge-chaude.	*f.* plaisanterie.	gorges-chaudes.
Gorge-de-pigeon.	*m.* couleur.	gorge-de-pigeon.
Goutte-crampe.	*f.* terme de médecine.	gouttes-crampes.
Goutte-sciatique.	*f.* id.	gouttes-sciatiques.
Grand-aigle.	*m.* ordre de mérite.	inusité au pluriel.
Grand'-chambre.	*f.* logement.	grand'-chambres.
Grand-cordon.	*m.* ordre de mérite.	grands-cordons.
Grand'-croix.	*m.* grand-cordon.	grand'-croix.
Grand-duc.	*m.* prince; oiseau.	grands-ducs.
Grand-duché.	*f.* pays.	grands-duchés.
Grande-duchesse.	*f.* femme du grand-duc.	grandes-duchesses.
Grand-juge.	*m.* ministre de la justice.	grands-juges.
Grand-maître.	*m.* titre de dignité.	grands-maîtres.
Grand'-maman.	*f.* terme enfantin.	grand'-mamans.
Grand'-mère.	*f.* parente.	grand'-mères.
Grand'-messe.	*f.* office.	grand'-messes.
Grand-œuvre.	*m.* pierre philosophale.	point de pluriel.
Grand-oncle.	*m.* parent.	grands-oncles.
Grand-père.	*m.* id.	grands-pères.
Grand-prieur.	*m.* terme d'église.	grands-prieurs.
Grand-seigneur.	*m.* titre en Turquie.	grands-seigneurs.
Grand-turc.	*m.* empereur des Turcs.	grands-turcs.
Gras-double.	*m.* membrane du bœuf.	gras-doubles.
Gratte-bosse.	*f.* brosse de laiton.	gratte-bosse.
Gratte-cul.	*m.* fruit.	gratte-cul.
Gratte-langue.	*m.* cure-langue.	gratte-langue.

SINGULIER.			PLURIEL.
Gratte-papier.	*m.*	copiste peu adroit.	gratte-papier.
Grippe-sou.	*m.*	gains sordides.	grippe-sou.
Gris-gris.	*m.*	amulette.	gris-gris.
Gros-bec.	*m.*	oiseau.	gros-becs.
Gros-blanc.	*m.*	mastic.	gros-blancs.
Gros-canon.	*m.*	caractère d'imprimerie.	gros-canons.
Gros-de-Naples.	*m.*	étoffe.	gros-de-Naples.
Gros-de-Tours.	*m.*	gros-de-Naples.	gros-de-Tours.
Gros-romain.	*m.*	caractère d'imprimerie.	gros-romains.
Gros-texte.	*m.*	id.	gros-textes.
Grosses-de-fonte.	*f.*	id. point de singulier.	grosses-de-fonte.
Guêt-apens.	*m.*	embûche ; dessein.	guets-apens.
Guide-âne.	*m.*	livret ; guide ignorant.	guide-âne.
Hache-paille.	*m.*	pour la paille.	hache-paille.
Hausse-col.	*m.*	plaque de cuivre.	hausse-col.
Hausse-pied.	*m.*	terme de chasse.	hausse-pied.
Haut-bord.	*m.*	terme de marine.	hauts-bords.
Haut-de-casse.	*m.*	terme d'imprimerie.	hauts-de-casses.
Haut-de-chausse.	*m.*	habillement.	hauts-de-chausses.
Haut-dessus.	*m.*	terme de musique.	hauts-dessus.
Haute-contre.	*f.*	terme de musique.	hautes-contre.
Haute-cour.	*f.*	tribunal suprême.	hautes-cours.
Haute-futaie.	*f.*	bois.	hautes-futaies.
Haute-justice.	*f.*	juridiction.	hautes-justices.
Haute-lice.	*f.*	terme de fabrique.	hautes-lices.
Haute-licier.	*f.*	ouvrier en haute-lice.	haute-liciers.
Haute-marée.	*f.*	terme de marine.	hautes-marées.
Haute-paie.	*f.*	solde forte.	hautes-paies.
Hautes-puissances.	*f.*	titre. Pas de singulier.	hautes-puissances.
Haute-police.	*f.*	police.	inusité au pluriel.
Haute-taille.	*f.*	terme de musique.	hautes-tailles.
Haut-fond.	*m.*	terme de marine.	hauts-fonds.
Haut-fourneau.	*m.*	terme de manufacture.	hauts-fourneaux.
Haut-justicier.	*m.*	ancien seigneur.	hauts-justiciers.
Haut-le-corps.	*m.*	saut involontaire, convulsion.	haut-le-corps.
Haut-le-pied.	*m.*	officier d'équipage.	haut-le-pied.
Haut-mal.	*m.*	terme de médecine.	point de pluriel.
Haut-pendu.	*m.*	nuage de pluie.	hauts-pendus.
Havre-sac.	*m.*	sac de voyage.	havre-sacs.
Hors-d'œuvre.	*m.*	mets, terme d'architecture, etc.	hors-d'œuvre.
Hôtel-Dieu.	*m.*	hôpital.	hôtel-Dieu.
In-dix-huit.	*m.*	terme de librairie.	in-dix-huit.
In-douze.	*m.*	id.	in-douze.
In-folio.	*m.*	id.	in-folio.
In-huit.	*m.*	id.	in-huit.
In-octavo.	*m.*	id.	in-octavo.
In-quarto.	*m.*	id.	in-quarto.
In-seize.	*m.*	id.	in-seize.
In-trente-deux.	*m.*	id.	in-trente-deux.

SINGULIER.			PLURIEL.
Jet-d'eau.	*m.*	lame d'eau.	jets-d'eau.
Kyrie-eleison.	*m.*	partie de la messe.	kyrie-eleison.
Laissez-aller.	*m.*	négligence.	laissez-aller,
Laissez-passer.	*m.*	permis de passer.	laissez-passer.
Lave-mains.	*m.*	vase.	lave-mains (1).
Laurier-cerise.	*m.*	plante.	lauriers-cerises.
Laurier-rose.	*m.*	id.	lauriers-roses.
Loup-cervier.	*m.*	animal.	loups-cerviers.
Loup-garou.	*m.*	esprit-malin.	loups-garous.
Loup-marin.	*m.*	poisson.	loups-marins.
Main-chaude.	*f.*	jeu.	inusité au pluriel.
Main-coulante.	*m.*	bande de bois.	mains-coulantes.
Main-courante.	*f.*	registre.	mains-courantes.
Main-de-justice.	*f.*	sceptre.	mains-de-justice.
Main-d'œuvre.	*f.*	travail de l'ouvrier.	mains-d'œuvre.
Main-forte.	*f.*	assistance.	point de pluriel.
Main-levée.	*f.*	permission.	mains-levées.
Maître-à-danser.	*m.*	compas.	maîtres-à-danser.
Maître-autel.	*m.*	terme d'église.	maîtres-autels.
Maître-ès-arts,	*m.*	grade de l'université.	maîtres-ès-arts.
Manuel-memento.	*m.*	manuel souviens-toi.	manuels-memento.
Marche-pieds.	*m.*	marche élevée.	marche-pieds.
Mardi-gras.	*m.*	jour de carnaval.	mardis-gras.
Maréchal-ferrant.	*m.*	pour les chevaux.	maréchaux-ferrants.
Maréchal-de-camp.	*m.*	officier-général.	maréchaux-de-camp.
Maréchal-des-logis.	*m.*	sous-officier de cavalerie	maréchaux-des-logis.
Maréchal-des-logis-chef.	*m.*	id.	maréchaux-des-logis-chefs.
Martin-pêcheur.	*m.*	oiseau.	martins-pêcheurs.
Martin-sec.	*m.*	poire.	martins-secs.
Mère-goutte.	*f.*	vin.	mères-gouttes.
Mère-laine.	*f.*	laine fine.	mères-laines.
Messire-jean.	*m.*	poire.	messire-jean.
Meurt-de-faim.	*m.*	ouvrier inhabile.	meurt-de-faim.
Mezzo-terminé.	*m.*	terme de musique.	mezzo-terminé.
Mezzo-tinto.	*m.*	terme de graveur.	mezzo-tinto.
Mi-août.	*m.*	moitié d'août.	mi-août.
Mi-janvier.	*m.*	moitié de janvier.	mi-janvier.
Mi-carême.	*m.*	moitié du carême.	mi-carême.
Mille-feuilles.	*f.*	terme de botanique.	mille-feuilles.
Mille-fleurs.	*f.*	id.	mille-fleurs.
Mille-pieds,	*m.*	insecte.	mille-pieds.
Mortes-eaux.	*f.*	terme de marine; point de singulier.	mortes-eaux.
Morte-paie.	*f.*	soldat; domestique.	mortes-paies.
Morte-saison.	*f.*	terme de commerce.	mortes-saisons.
Mort-gage.	*m.*	id.	morts-gages.
Mouille-bouche.	*f.*	poire.	mouille-bouche.

(1) Des auteurs écrivent lave-main au singulier.

SINGULIER.			PLURIEL.
Nègre-blanc.	*m.*	Albinos.	nègres-blancs.
Non-jouissance.	*f.*	privation.	non-jouissances.
Non-paiement.	*m.*	défaut de paiement.	non-paiements.
Non-résidence.	*f.*	absence.	non-résidences.
Non-réussite.	*f.*	manque de réussite.	non-réussites.
Non-sens.	*m.*	phrase.	non-sens.
Non-usage.	*m.*	cessation.	non-usages.
Non-succès.	*m.*	manque de succès.	non-succès.
Non-valeur.	*f.*	terme de commerce.	non-valeurs.
Nota-bene.	*m.*	notez bien.	nota-bene.
Nu-jambes.	*m.*	jambes nues.	nu-jambes.
Nu-pieds.	*m.*	pieds nus.	nu-pieds.
Nu-tête.	*m.*	tête nue.	nu-tête.
Nue-propriété.	*f.*	propriété.	nue-propriétés.
OEil-de-bœuf.	*m.*	fenêtre, plante.	œils-de-bœuf.
OEil-de-bouc.	*m.*	t. de marine, phénomène.	œils-de-bouc.
OEil-de-chat.	*m.*	espèce d'agate.	œils-de-chat.
OEil-de-chèvre.	*m.*	espèce de graminée.	œils-de-chèvre.
OEil-de-Christ.	*m.*	plante.	œils-de-Christ.
OEil-de-lièvre.	*m.*	plante.	œils-de-lièvre.
OEil-de-loup.	*m.*	plante.	œils-de-loup.
OEil-de-perdrix.	*m.*	roche.	œils-de-perdrix.
OEil-de-serpent.	*m.*	pierre fine.	œils-de-serpent.
OEil-de-soleil.	*f.*	plante.	œils-de-soleil.
On-dit.	*m.*	façon de parler.	on-dit.
Oiseau-mouche.	*m.*	t. d'histoire naturelle.	oiseaux-mouches.
Opéra-bouffe.	*m.*	théâtre.	opéras-bouffe (1).
Oreille-d'âne.	*m.*	plante.	oreilles-d'ânes.
Oreille-d'ours.	*f.*	id.	oreilles-d'ours.
Ortie-grièche.	*f.*	id.	orties-grièches.
Ouï-dire.	*m.*	façon de parler.	ouï-dire.
Paille-en-queue.	*m.*	oiseau.	paille-en-queue.
Pain-d'épices.	*m.*	pain de seigle, de miel.	pains-d'épices.
Pain-de-pourceau.	*m.*	plante.	pains-de-pourceau.
Pan-lexique.	*m.*	extrait de tous les dict.	pan-lexiques.
Papier-monnaie.	*m.*	terme de commerce.	papiers-monnaies.
Papier-tube.	*m.*	p. cigarette, m. nouv.	papiers-tubes.
Pas-d'âne.	*m.*	plante.	pas-d'âne.
Passe-avant.	*m.*	ordre.	passe-avant.
Passe-balle.	*m.*	terme d'artillerie.	passe-balle.
Passe-boulet.	*m.*	id.	passe-boulet.
Passe-carreau.	*m.*	terme de tailleur.	passe-carreau.
Passe-cheval.	*m.*	petit bac.	passe-cheval.
Passe-cicéron.	*m.*	fort savant.	passe-cicéron.
Passe-debout.	*m.*	permission.	passe-debout.
Passe-dix.	*m.*	jeu.	passe-dix.
Passe-droit.	*m.*	grâce, injustice.	passe-droit.
Passe-fleur,	*f.*	plante.	passe-fleurs.

(1) Laveaux et plusieurs auteurs écrivent des opéra.

SINGULIER.			PLURIEL.
Passe-méteil.	*m.*	blé.	passe-méteil.
Passe-muscat.	*m.*	vin excellent.	passe-muscats.
Passe-parole.	*m.*	commandement.	passe-parole.
Passe-partout.	*m.*	clef, cadre, etc.	passe-partout.
Passe-passe.	*m.*	tour d'adresse.	passe-passe.
Passe-pied.	*m.*	danse.	passe-pied.
Passe-pierre.	*m.*	perce-pierre, plante.	passe-pierre.
Passe-poil.	*m.*	liseré de soie.	passe-poil.
Passe-port.	*m.*	permission.	passe-ports.
Passe-soie.	*m.*	terme de manufacture.	passe soie.
Passe-talon.	*m.*	terme de cordonnier.	passe-talon.
Passe-temps.	*m.*	divertissement.	passe-temps.
Passe-velours.	*m.*	fleur.	passe-velours.
Passe-violet.	*m.*	couleur.	passe-violet.
Passe-volant.	*m.*	qui passe inaperçu.	passe-volant.
Patte-d'oie.	*f.*	plante, chemins.	pattes-d'oie.
Pater-noster.	*m.*	prière.	pater-noster.
Patte-pelue.	*m.*	personne adroite.	pattes-pelues.
Paumier-raquetier.	*m.*	état.	paumiers-raquetiers.
Perce-bois.	*m.*	insecte.	perce-bois.
Perce-crâne.	*m.*	terme de chirurgie.	perce-crâne.
Perce-feuille.	*m.*	insecte.	perce-feuille.
Perce-lettres.	*m.*	instrument pour percer.	perce-lettres.
Perce-meule.	*m.*	pour les meules.	perce-meules.
Perce-mur.	*m.*		perce-murs.
Perce-neige.	*f.*	plante.	perce-neige.
Perce-oreille.	*m.*	insecte.	perce-oreille (1).
Perce-pierre.	*m.*	id.	perce-pierre.
Pèse-bain.	*m.*	instrument.	pèse-bains.
Pèse-lait.	*m.*	id.	pèse-lait.
Pèse-liqueurs.	*m.*	id.	pèse-liqueurs.
Petit-canon.	*m.*	caractère d'imprimerie.	petits-canons.
Petit-deuil.	*m.*	oiseau.	petits-deuils.
Petit-fils.	*m.*	parent.	petits-fils.
Petite-fille.	*m.*	id.	petites-filles.
Petit gris.	*m.*	t. d'histoire naturelle.	petits-gris.
Petite-guerre.	*f.*	exercice militaire.	petites-guerres.
Petit-lait.	*m.*	partie du lait.	inusité au pluriel.
Petit-maître.	*m.*	qui a de sing. manières.	petits-maîtres.
Petite-maîtresse.	*f.*	id.	petites-maîtresses.
Petit-neveu.	*m.*	petit parent.	petits-neveux.
Petite-nièce.	*f.*	petite parente.	petites-nièces.
Petit-pâté.	*m.*	pâtisserie.	petits-pâtés.
Petit-pied.	*m.*	art vétérinaire.	petits-pieds.
Petit-romain.	*m.*	caractère d'imprimerie.	petits-romains.
Petit-texte.	*m.*	id.	petits-textes.
Pet-en-l'air.	*m.*	vêtement court.	pets-en-l'air.
Pied-à-terre.	*m.*	logement.	pied-à-terre.

(1) Plusieurs auteurs, Landais entre autres, veulent des perce-oreilles.

SINGULIER.		PLURIEL.
Pied-bot.	*m.* contrefait.	pieds-bots.
Pied-d'alouette.	*m.* plante.	pieds-d'alouette.
Pied-d'âne.	*m.* coquille.	pieds-d'âne.
Pied-de-biche.	*m.* instrument de dentiste.	pieds-de-biche.
Pied-de-bœuf.	*m.* jeu.	point de pluriel.
Pied-de-chat.	*m.* plante.	pieds-de chat.
Pied-de-chèvre.	*m.* levier.	pieds-de-chèvre.
Pied-de-coq.	*m.* plante.	pieds-de-coq.
Pied-de-griffon.	*m.* id.	pieds-de-griffon.
Pied-de-lièvre.	*m.* id.	pieds-de-lièvre.
Pied-de-lion.	*m.* id.	pieds-de-lion.
Pied-de-loup.	*m.* id.	pieds-de-loup.
Pied-de-mouche.	*m.* écriture, t. d'imprimerie.	pieds-de-mouche.
Pied-de-pigeon.	*m.* plante.	pieds-de-pigeon.
Pied-de-veau.	*m.* id.	pieds-de-veau.
Pied-de-roi.	*m.* mesure.	pieds-de-roi.
Pied-droit.	*m.* terme de menuiserie.	pieds-droits.
Pied-fort.	*m.* modèle.	pieds-forts.
Pied-plat.	*m.* homme méprisable.	pieds-plats.
Pied-poudreux.	*m.* va nu-pieds.	pieds-poudreux.
Pie-grièche.	*f.* pie, femme querelleuse.	pies-grièches.
Pince-maille.	*m.* très avare.	pince-maille.
Pince-sans-rire.	*m.* sournois.	pince-sans-rire.
Pinne-marine.	*f.* coquille.	pinnes-marines.
Pique-assiette.	*m.* cherche repas.	pique-assiette.
Pique-bœufs.	*m.* charretier, oiseau.	pique-bœufs.
Pique-nique.	*m.* repas.	pique-nique.
Plain-chant.	*m.* terme de musique.	plain-chants.
Plat-bord.	*m.* terme de marine.	plats-bords.
Plate-bande.	*f.* terre, ornement, etc.	plates-bandes.
Plate-face.	*f.* t. de facteur d'orgues.	plates-faces.
Plate-forme.	*f.* divers usages.	plates-formes.
Plate-longue.	*f.* cuir.	plates-longues.
Pleure-misère.	*m.* avare.	pleure-misère.
Pleure-pain.	*m.* pleure misère.	pleure-pain.
Plus-pétition.	*f.* demande.	plus-pétitions.
Pont-levis.	*m.* terme de fortification.	ponts-levis.
Pont-neuf.	*m.* chanson populaire.	ponts-neufs.
Porc-épic.	*m.* quadrupède.	porcs-épics.
Porc-marin.	*m.* marsouin.	porcs-marins.
Porte-aiguille.	*m.* instrument de chirurgie.	porte-aiguilles (1).
Porte-aiguillon.	*m.* insecte.	porte-aiguillons.
Porte-allume.	*m.* réchaud.	porte-allume.
Porte-allumettes.	*m.* boîte pour allumettes.	porte-allumettes.
Porte-arquebuse.	*m.* officier.	porte-arquebuses.
Porte-assiette.	*m.* cercle.	porte-assiettes.
Porte-auge.	*m.* aide maçon.	porte-auges.
Porte-baguette.	*m.* anneau de fusil.	porte-baguettes.

(1 L'Académie écrit des porte-aiguille.

SINGULIER.		PLURIEL.
Porte-balance.	*m.* pour une balance.	porte-balances.
Porte-balle.	*m.* mercier.	porte-balles.
Porte-barre.	*m.* p. les chèv., pas de sing.	porte-barres.
Porte-battant.	*m.* pour un métier.	porte-battant.
Porte-bossoir.	*m.* terme de marine.	porte-bossoir.
Porte-bouchoir.	*m.* devant du four.	porte-bouchoir.
Porte-bougie.	*m.* lancette.	porte-bougies.
Porte-broche.	*m.* outil.	porte-broches.
Porte-carabine.	*m.* porte-mousqueton.	porte-carabines.
Porte-carreau.	*m.* carré de menuiserie.	porte-carreaux.
Porte-chandelier.	*m.* guéridon.	porte-chandeliers.
Porte-chape.	*m.* terme d'église.	porte-chape.
Porte-choux.	*m.* cheval.	porte-choux.
Porte-clefs.	*m.* guichetier.	porte-clefs.
Porte-cochère.	*m.* porte principale.	portes-cochères.
Porte-collet.	*m.* pour le collet.	porte-collet.
Porte coton.	*m.* valet.	porte-coton.
Porte-couteau.	*m.* pour les hameçons.	porte-couteaux.
Porte-crayon.	*m.* pour les crayons.	porte-crayons.
Porte-croix.	*m.* qui porte la croix.	porte-croix.
Porte-crosse.	*m.* qui porte la crosse.	porte-crosse.
Porte-culotte.	*m.* femme maîtresse.	porte-culottes.
Porte-Dieu.	*m.* qui porte le viatique.	porte-Dieu.
Porte-drapeau.	*m.* qui porte le drapeau.	porte-drapeaux.
Porte-enseigne.	*m.* qui portait une enseigne	porte-enseigne.
Porte-épée.	*m.* pour l'épée.	porte-épée.
Porte-éperon.	*m.* pour l'éperon.	porte-éperons.
Porte-éponge.	*m.* outil de tourneur.	porte-éponge.
Porte-étendard.	*m.* pour l'étendard.	porte-étendard.
Porte-étrier.	*m.* pour l'étrier.	porte-étriers.
Porte-étrivières.	*m.* pas de singulier.	porte-étrivières.
Porte-faix.	*m.* crocheteur.	porte-faix.
Porte-fer.	*m.* étui.	porte-fers.
Porte-feu.	*m.* terme d'artificier.	porte-feu.
Porte-forêt.	*m.* ouvrier, etc.	porte-forêt.
Porte-gargousse.	*m.* terme d'artillerie.	porte-gargousses.
Porte-grève.	*m.* terme de marine.	porte-grève.
Porte-hache.	*m.* étui pour hache.	porte-hache.
Porte-haubans.	*m.* terme de marine; point de singulier.	porte-haubans.
Porte-huile.	*m.* outil.	porte-huile.
Porte jupe.	*m.* femme.	porte-jupe.
Porte-lame.	*m.* terme de métier.	porte-lances.
Porte-lancettes.	*m.* poisson.	porte-lancettes.
Porte-lettres.	*m.* étui pour lettres.	porte-lettres.
Porte-lumière.	*m.* terme de physique,	porte-lumière.
Porte-lyre.	*m.* oiseau.	porte-lyres.
Porte-malheur.	*m.* présage.	porte-malheur.

(1) L'Académie veut des porte-collets.

SINGULIÉR.			PLURIEL.
Porte-malle.	*m.*	officier.	porte-malle. (1)
Porte-manger.	*m.*	caisse pour le manger.	porte-manger.
Porte-manteau.	*m.*	valise; terme de menui-serie.	porte-manteaux.
Porte-masse.	*m.*	qui porte une masse.	porte-masse.
Porte-mèche.	*m.*	terme de chirurgie.	porte-mèches.
Porte-missel.	*m.*	pupitre d'église.	porte-missel.
Porte-montre.	*m.*	pour les montres.	porte-montre.
Porte-mors.	*m.*	cuirs.	porte-mors.
Porte-mouchettes.	*m.*	pour les mouchettes.	porte-mouchettes.
Porte-mousqueton.	*m.*	pour le mousquetaire.	porte-mousquetons.
Porte-oriflamme.	*m.*	qui portait l'oriflamme.	porte-oriflamme.
Porte-page.	*m.*	terme d'imprimerie.	porte-pages
Porte-panier.	*m.*	crochet pour panier.	porte-paniers.
Porte-pièce.	*m.*	outil de cordonnier.	porte-pièces.
Porte-pierre.	*m.*	pour la pierre infernale.	porte-pierres.
Porte-plume.	*m.*	pour les plumes.	porte-plumes.
Porte-presse.	*m.*	terme de relieur.	porte-presses.
Porte-rames.	*m.*	terme de manuf., de mar.	porte-rames.
Porte-respect.	*m.*	marque d'honneur.	porte-respect.
Porte-scie.	*m.*	insecte.	porte-scie.
Porte-sel.	*m.*	panier.	porte-sel.
Porte-sonde.	*m.*	terme de chirurgie.	porte-sonde.
Porte-tarrière.	*m.*	outil.	porte-tarrière.
Porte-valise.	*m.*	officier du pape.	porte-valises.
Porte-vent.	*m.*	terme de musique.	porte-vent.
Porte-verge.	*m.*	terme d'église.	porte-verge.
Porte-voix.	*m.*	instrument.	porte-voix.
Port-franc.	*m.*	exempt de droit.	ports-francs.
Poste-magasin.	*m.*	poste en afrique, m. nouv.	postes-magasin.
Post-scriptum.	*m.*		post-scriptum.
Pot-au-feu.	*m.*	bœuf bouilli.	pots-au-feu.
Pot-de-chambre.	*m.*	vase de nuit.	pots-de-chambre.
Pot-de-vin.	*m.*	gratification.	pots-de-vin.
Pot-pourri.	*m.*	air connu.	pots-pourris.
Pour-boire.	*m.*	gratification.	pour-boire.
Pour-parler.	*m.*	conférence.	pour-parler.
Pousse-cul.	*m.*	archer, dernier.	pousse-cul.
Pousse-pied.	*m.*	bateau, coquille.	pousse-pieds.
Pousse-pointe.	*m.*	outil.	pousse-pointes.
Prie-Dieu.	*m.*	pupitre.	prie-Dieu.
Prête-nom.	*m.*	qui prête son nom.	prête-noms.
Quasi-contrat.	*m.*	terme de palais.	quasi-contrats.
Quasi-délit.	*m.*	id.	quasi-délits.
Quartier-maître.	*m.*	ter. de marine, de guerre.	quartiers-maîtres.
Quartier-mestre.	*m.*	terme d'art militaire.	quartiers-mestres.
Qu'en-dira-t-on.	*m.*	propos.	qu'en-dira-t-on.
Quinze-vingts.	*m.*	aveugle des quinze-vingts	quinze-vingts.

---

(1) Mot inconnu découvert dans Boiste, huitième édition, page 860.

SINGULIER.			PLURIEL.
Queue-de-rat.	f.	lime.	queues-de-rat.
Queue-du-chat.	f.	figure de contredanse.	pas de pluriel.
Rabat-joie.	m.	qui trouble la joie.	rabat-joie.
Rail-way.	m.	mot anglais, ch. de fer.	rail-ways.
Receveur-général.	m.	qui reçoit.	receveurs-généraux.
Relève-moustache.	m.	pince d'émailleur.	relève-moustache.
Relève-quartier.	m.	terme de cordonnier.	relève-quartier.
Reine-claude.	f.	prune.	reine-claude (1).
Remue-ménage.	m.	dérangement, trouble.	remue-ménage.
Rendez-vous.	m.	lieu.	rendez-vous.
Rez-de-chaussée.	m.	logement.	rez-de-chaussée.
Réveille-matin.	m.	horloge.	réveille-matin.
Revenant-bon.	m.	profit.	revenants-bons.
Robert-macaire.	m.	type de l'intrigant.	robert-macaire.
Roger-bon-temps.	m.	sans-souci.	roger-bon-temps.
Rogne-pied.	m.	outil.	rogne-pieds.
Rond-point.	m.	place circulaire.	ronds-points.
Ronde-major.	f.	faite par le major.	rondes-major.
Rose-croix.	m.	secte d'empirique.	rose-croix.
Rose-trémière.	f.	plante.	roses-trémières.
Rouge-bord.	m.	rasade.	rouges-bords.
Rouge-gorge.	m.	oiseau.	rouge-gorge.
Rouge-trogne.	m.	visage.	rouge-trogne.
Rubanier-passem.	m.	état	rubaniers-passem.
Sage-femme.	f.	terme de médecine.	sages-femmes.
Sang-de-dragon.	m.	plante.	sangs-de-dragon.
Saint-augustin.	m.	terme d'imprimerie.	pas de pluriel.
Sainte-barbe.	f.	terme de marine.	saintes-barbes.
Saint-simonien.	m.	secte détruite.	saints-simoniens.
Sans-culotte.	m.	républicain malheureux.	sans-culottes.
Sans-cœur.	m.	qui n'a pas de cœur.	sans-cœur.
Sans-dents.	f.	vieille femme.	sans-dents.
Sans-peau.	f.	poire.	sans-peau.
Sans-tache	m.	serpent.	sans-tâche.
Sans-souci.	m.	qui ne s'inquiète pas.	sans-souci.
Sauf-conduit.	m.	passe-port.	saufs-conduits.
Savon-ponce.	m.	savon.	savons-ponce.
Savoir-faire.	m.	habileté.	pas de pluriel.
Savoir-vivre.	m.	habitude du monde.	pas de pluriel.
Sénatus-consulte.	m.	décision.	sénatus-consultes.
Sergent-fourrier.	m.	soldat.	sergents-fourriers.
Sergent-major.	m.	id.	sergents-majors.
Serre-bauquière.	m.	terme de marine.	serre-bauquières.
Serre-bosse.	m.	id.	serre-bosse.
Serre-ciseaux.	m.	outil.	serre-ciseaux.
Serre-cou.	m.	terme d'artiste vétérin.	serre-cou.
Serre-feu.	m.	terme d'orfèvrerie.	serre-feu.
Serre-fille.	m.	terme d'art. militaire.	serre-file.

(1) Fruit qu'affectionnait la reine Claude.

SINGULIER.			PLURIEL.
Serre-gouttière.	*m.*	terme de marine.	serre-gouttière.
Serre-nœud.	*m.*	terme de chirurgie.	serre-nœud.
Serre-papiers.	*m.*	pour les papiers.	serre-papiers.
Serre-points.	*m.*	outil de bourrelier.	serre-points.
Serre-tête.	*m.*	coiffure.	serre-tête.
Sot'l'y-laisse.	*m.*	morceau délicat.	sot'l'y-laisse.
Sotto-voce.	*m.*		sotto-voce.
Souffre-douleur.	*m.*	qui a de la peine.	souffre-douleur.
Sous-aide.	*m.*	qui aide.	sous-aides.
Sous-aile.	*m.*	terme d'architecture.	sous-ailes.
Sous-amendement.	*m.*	modification.	sous-amendements.
Sous-arbrisseau.	*m.*	plante.	sous-arbrisseaux.
Sous-bacha.	*m.*	officier turc.	sous-bachas.
Sous-bail.	*m.*	bail.	sous-baux.
Sous-bande.	*f.*	terme de chirurgie.	sous-bandes.
Sous-barbe.	*f.*	(divers emplois.)	sous-barbes.
Sous-bibliothécaire.	*m.*	employé.	sous-bibliothécaires.
Sous-bief.	*m.*	canal.	sous-biefs.
Sous-chevron.	*m.*	terme d'architecte.	sous-chevrons.
Sous-délégué.	*m.*	ter. de société philantr.	sous-délégués.
Sous-diacre.	*m.*	terme d'église.	sous-diacres.
Sous-chef.	*m.*	subordonné au chef.	sous-chefs.
Sous-dominante.	*f.*	terme de musique.	sous-dominantes.
Sous-entente.	*f.*	par duplicité.	sous-ententes.
Sous-lieutenant.	*m.*	soldat.	sous-lieutenants.
Sous-maître.	*m.*	professeur.	sous-maîtres.
Sous-médiante.	*f.*	terme de musique.	sous-médiantes.
Sous-multiple.	*m.*	terme d'arithmétique.	sous-multiples.
Sous-pied.	*m.*	qui soutient le pantalon.	sous-pieds.
Sous-préfecture.	*f.*	terme de géographie.	sous-préfectures.
Sous-préfet.	*m.*	sous le préfet.	sous-préfets.
Sous-prieur.	*m.*	terme d'église.	sous-prieurs.
Sous-prote.	*m.*	terme d'imprimerie.	sous-protes.
Sous-tangente.	*f.*	terme de géométrie.	sous-tangentes.
Sous-tendante.	*f.*	id.	sous-tendantes.
Sous-ventrière.	*f.*	courroie.	sous-ventrières.
Sous-vicaire.	*m.*	terme d'église.	sous-vicaires.
Sous-vicariat.	*m.*	id.	sous-vicariats (1).
Taille-douce.	*f.*	terme de graveur.	taille-douces.
Taille-doucier.	*m.*	ouvrier en taille douce.	tailles-douciers.
Taille-mèche.	*m.*	pour les mèches.	taille-mèches.
Taille-plume.	*m.*	pour les plumes.	taille-plumes.
Tam-tam.	*m.*	onomatopée.	tam-tam.
Tâte-poule.	*m.*	idiot.	tate-poule.
Tâte-vin.	*m.*	pour le vin.	tate-vin.
Te-deum.	*m.*	hymne.	te-deum.
Terre-plein.	*m.*	ter. de fortificat., d'achit.	terre-pleins.

(1) On conçoit maintenant le principe et l'on voit l'immensité des noms qu'on pourrait composer avec la préposition sous.

<table>
<tr><td>SINGULIER.</td><td></td><td></td><td>PLURIEL.</td></tr>
<tr><td>Tête-à-tête.</td><td>m.</td><td>entretien, divan, cabaret.</td><td>tête-à-tête.</td></tr>
<tr><td>Tire-bottes.</td><td>m.</td><td>pour les bottes.</td><td>tire-bottes.</td></tr>
<tr><td>Tire-balle.</td><td>m.</td><td>pour les balles.</td><td>tire-balle.</td></tr>
<tr><td>Tire-bouchon.</td><td>m.</td><td>pour déboucher une bout.</td><td>tire-bouchons.</td></tr>
<tr><td>Tire-bourre.</td><td>m.</td><td>pour les fusils.</td><td>tire-bourre.</td></tr>
<tr><td>Tire-bouton.</td><td>m.</td><td>pour tailleur.</td><td>tire-boutons.</td></tr>
<tr><td>Tire-clou.</td><td>m.</td><td>outil de couvreur.</td><td>tire-clous.</td></tr>
<tr><td>Tire-dents.</td><td>m.</td><td>pince plate.</td><td>tire-dents</td></tr>
<tr><td>Tire-fiente.</td><td>m.</td><td>fourche.</td><td>tiré-fiente (1).</td></tr>
<tr><td>Tire-fond.</td><td>m.</td><td>instr. de tonn. et de chir.</td><td>tire-fond.</td></tr>
<tr><td>Tire-laine.</td><td>m.</td><td>outil de forgeron.</td><td>tire-laine.</td></tr>
<tr><td>Tire-ligne.</td><td>m.</td><td>instr. d'architecture.</td><td>tire-lignes.</td></tr>
<tr><td>Tire-moelle.</td><td>m.</td><td>pour la moelle.</td><td>tire-moelle.</td></tr>
<tr><td>Tire-monde.</td><td>m.</td><td>sage-femme, populaire.</td><td>tire-monde.</td></tr>
<tr><td>Torche-cul.</td><td>m.</td><td>mot bas et populaire.</td><td>torche-cul.</td></tr>
<tr><td>Torche-nez.</td><td>m.</td><td>terme de vétérinaire.</td><td>torche-nez.</td></tr>
<tr><td>Tourne-à-gauche.</td><td>m.</td><td>outil de serrurier.</td><td>tourne-à-gauche.</td></tr>
<tr><td>Tourne-fil.</td><td>m.</td><td>pour le fil.</td><td>tourne-fil.</td></tr>
<tr><td>Tourne-vire.</td><td>m.</td><td>terme de marine.</td><td>tourne-vire.</td></tr>
<tr><td>Tranche-fil.</td><td>m.</td><td>outil.</td><td>tranche-fil.</td></tr>
<tr><td>Tranche-fil.</td><td>m.</td><td>terme de relieur.</td><td>tranche-fils.</td></tr>
<tr><td>Tranche-lard.</td><td>m.</td><td>couteau.</td><td>tranche-lard.</td></tr>
<tr><td>Tranche-montagne.</td><td>m.</td><td>fanfaron.</td><td>tranche-montagne.</td></tr>
<tr><td>Trompe-l'œil.</td><td>m.</td><td>terme de peintre.</td><td>trompe-l'œil.</td></tr>
<tr><td>Trouble-fête.</td><td>m.</td><td>importun.</td><td>trouble-fête.</td></tr>
<tr><td>Trou-madame.</td><td>m.</td><td>jeu.</td><td>trous-madame.</td></tr>
<tr><td>Trousse barre.</td><td>m.</td><td>bois.</td><td>trousse-barre.</td></tr>
<tr><td>Trousse-galant.</td><td>m.</td><td>maladie.</td><td>trousse-galants.</td></tr>
<tr><td>Trousse-queue.</td><td>m.</td><td>pour un cheval.</td><td>trousse-queue.</td></tr>
<tr><td>Tu-autem.</td><td>m.</td><td>point essentiel.</td><td>tu-autem.</td></tr>
<tr><td>Tue-brebis.</td><td>m.</td><td>terme de botanique.</td><td>tue-brebis.</td></tr>
<tr><td>Tue-chien.</td><td>m.</td><td>id.</td><td>tue-chiens.</td></tr>
<tr><td>Tue-loup.</td><td>m.</td><td>id.</td><td>tue-loups.</td></tr>
<tr><td>Tue-mouche.</td><td>m.</td><td>id.</td><td>tue-mouches.</td></tr>
<tr><td>Tue-poisson.</td><td>m.</td><td>id.</td><td>tue-poissons.</td></tr>
<tr><td>Vade-mecum.</td><td>m.</td><td>mot latin, va avec moi.</td><td>vade-mecum.</td></tr>
<tr><td>Veni-mecum.</td><td>m.</td><td>id.</td><td>veni-mecum.</td></tr>
<tr><td>Va-nu-pieds.</td><td>m.</td><td>misérable.</td><td>va-nu-pieds.</td></tr>
<tr><td>Ver-à-soie.</td><td>m.</td><td>terme d'histoire naturelle</td><td>vers-à-soie.</td></tr>
<tr><td>Ver-luisant.</td><td>m.</td><td>id.</td><td>vers-luisants.</td></tr>
<tr><td>Vis-à-vis.</td><td>m.</td><td>terme de danse.</td><td>vis-à-vis.</td></tr>
<tr><td>Vice-amiral.</td><td>m.</td><td>terme de marine.</td><td>vice-amiraux.</td></tr>
<tr><td>Vice-amirauté.</td><td>f.</td><td>id.</td><td>vice-amirautés.</td></tr>
<tr><td>Vice-bailli.</td><td>m.</td><td>ancien titre.</td><td>vice-baillis.</td></tr>
<tr><td>Vice-consul.</td><td>m.</td><td>sous le consul.</td><td>vice-consuls.</td></tr>
<tr><td>Vice-gérant.</td><td>m.</td><td>sous le gérant.</td><td>vice-gérants.</td></tr>
<tr><td>Vice-président.</td><td>m.</td><td>sous le président.</td><td>vice-président.</td></tr>
<tr><td>Vice-roi.</td><td>m.</td><td>sous le roi.</td><td>vice-rois.</td></tr>
</table>

(1) Et non tire-fientes avec Napoléon Landais.

SINGULIER.			PLURIEL.
Vice-sénéchal.	*m.*	sous le sénéchal.	vice-sénéchaux (1).
Vide-bouteille.	*m.*	maison.	vide-bouteilles.
Vide-poche.	*m.*	meuble.	vide-poches.
Vol-au-vent.	*m.*	pâtisserie	vol-au-vent.

(1) On voit qu'avec le mot VICE nous aurions pu composer des centaines de noms composés.

FIN.

IMPRIMERIE ET LITHOGRAPHIE DE MAULDE ET RENOU,
Rue Bailleul, 9 et 11.

9 782014 452808